LITERARY TIMES
博客思出版社

轉個彎

謝朝陽 著

目錄

前言 14
好逸惡勞是任性，孜孜不倦是認命 18
有緣多相處，無緣少接觸 19
問候關懷 20
人生沒有如果，只有結果和後果 22
一個銅板打不響，裝瞎裝傻不亂想 23
價值決定一切 24
痛一下又如何，苦一下又怎樣 25
助人不語，行善不說 26
四話不說 28
不要說不可能，一個人可以做很多事 29
苦悲自己擔，喜甜自己尋 30
視野決定高度，高度決定格局 31
就是要窮過，一定要輸過，更是要痛過 33

愈想愈煩，愈煩愈惱 35
眼見還得求證，聽到更得查證 36
不理不煩 38
有人翻臉像翻書 40
人總是會變的，何必在意呢 41
人生就是要比較，做人就是要計較 42
人生二八法則 43
裝聾作啞是圓滑，裝笨裝傻是昇華 45
該你的就是你的，不是你的求不來 47
有能力不焦慮，有實力不自卑 48
經過容易，經歷不難，經驗最難 49
有想法得有真實本事，有夢想得有能力行動 50
風度決定氣度，氣度決定高度，高度決定格局，格局影響結局 51
謊說的真是種藝術，謊說的巧是種智慧 52
給別人機會，就是給自己機會 53

人心善變 54
如如不動 56
請安問好結好緣 58
心轉境移 60
淡然如意自在 62
因勢利導，順水而呼 64
慢則安，緩則圓 66
好伴很重要 68
幸福 70
以小看大，見微知著 72
做心情的主人 74
看下去就知道 76
小心發言 78
總有無奈 80
心靈的告白 82

知心難覓 85
光陰告白 87
心情故事 89
相處就明了 91
習以為常就好 93
心留給對的人 95
敬畏三老 97
珍惜 99
人性本惰 101
喜歡不易，歡喜更難 103
在乎你的種種 105
不用理會 107
當家做主 109
家庭生活 111
讚聲掌聲皆大歡喜 113

絕對可能 115
生氣沉默，動怒不語 117
一路走來 119
默觀靜等，不變應變 121
成功不容易，成就不簡單 123
你容我容，你儂我儂 125
說到做不到很掉漆 127
順其自然不煩惱 129
以心轉念 131
靜觀淡看 133
傻一點就沒事 135
真真假假，假假真真 137
知錯能改善莫大焉 139
莫言 141
聽聽就好 142

平安是福，健康是樂 144
算了 146
家庭人生 147
接受挑戰，放手一搏 149
休息完再走，放鬆後再拼 151
給些時間，多些關懷 152
物以類聚，人以群分 154
不是不想說，是不敢說 156
善良不是傻，厚道不是笨 158
若無相欠怎會相見 159
存好心做好事就好 160
閒久會笨，沒事變呆 161
懂的人不用多說，不懂的人不用說 163
焦慮引心寒，煩惱易心累 165
理性的相聚，任性的隨意 167

拋的開就看的淡　169
人生虛偽，做人無奈　170
累了就放下，痛了就拋開　171
路遙知馬力，事久見人心　172
人累不可怕，心累才可怕　173
批評得有根據，挑剔得有事實　174
有緣是寶，無緣是草　175
整理好情緒再回家　176
隨心隨緣　177
成功失敗就在轉念間　178
開心一下又何妨　180
取捨一念間，苦甜心間流　181
就是要嗆聲幹譙　182
邪念難度日，惡執難安眠　183
三老即是寶　184

要爭就跟自己爭 185
問候關懷 187
偶爾戲一下 188
裝傻都快樂，快樂多裝傻 189
看清了就釋懷，看透了就豁達 190
小丑成不了氣候，小鬼轉不了大人 191
率性做自己，順心就喜樂 192
真正的幸福 193
平易近人很重要，和藹可親更重要 195
聽不清的不用講，說不明的不要聽 196
當心靈的主宰，當生活的主人 198
放入口的重要，說出口更重要 199
透了就容易，淡了就簡單 201
做人要乾脆爽快 203
看開舒坦，看淡開朗 205

贏自己就好 206
皮人不用理 207
準備是必然，等待是當然 209
累煩很正常，難苦更正常 210
錢只要夠用就好，錢量力敢花最好 211
空口無憑立字為據 212
隨意就好，夠用就好 213
假醉的人叫不醒，假睡的人不想醒 215
轉念做自己 217
還是不要說 218
做事簡單就好，感情單純最好 219
生活可以有對手，絕對不要有敵人 220
付出會很快樂 222
做的好不如說的巧 224
什麼樣的人生自己選 225

人心難懂，心靈難讀 227
先觀再說，先察再做 229
善謊是慈悲 231
沒錢萬萬不能 232
人一懶腦就殘，腦一殘嘴就爛 233
人到無求品自高 235
看人說理 236
珍惜當下 237
傾聽重要，讓步更重要 239
人要衣裝佛要金裝 241
學別人的好 242
生氣傷己，氣出傷人 243
是不是才，看了便知 244
往好想，樂觀面對 245

前言

歲月如梭時光荏苒，一晃眼已經坐六望七了~

一路走來，走過很多路，經歷過很多坎坷，也閱人無數~

曾經歷過，苦甜喜樂，悲歡離合~

更經驗過，酒色財氣，恩愛情仇~

曾遭遇過，哭都哭不出聲的逆境挫折……

更遭遇過，笑都笑不出來的懊惱折磨……

我從逆境折磨中成熟穩健～

更從懊惱挫折中淡然豁達～

以過來人的角色，更以真誠用心和血淚、汗的經驗，寫出我對生活，

人生、和生命的意義及看法……

相信我~

只要心轉個彎，只要念換個角度……

生活就會開心快樂~

人生就會幸福美滿~

生命更會精彩燦爛~

轉個彎

好逸惡勞是任性，孜孜不倦是認命

任性，是只要我不爽什麼都不做……

認命，是不管爽不爽什麼我都做……

有些人，就是多一事不如少一事……

很多人，更是少一事不如不做事……

該是，你的事情必定無人代勞……

該是，你的責任絕對無處可逃……

認命是種骨氣，也是一種風度……

風度決定氣度，氣度決定出路……

有緣多相處，無緣少接觸

對上譜的有說有聊~
不對譜的沒完沒了~
談的來的打情罵俏~
談不來的雞飛狗跳~
頻率不對少說為妙~
苗頭不對稍安勿躁~
有緣的，歡喜對待真心相處……
無緣的，笑臉點頭不要接觸……

問候關懷

一句真誠的問候~
有人，認為沒有意義更有人認為無此必要……
對於，遭遇孤單寂寞的人卻是個感心温暖……
一句真心的關懷~
有人，認為多此一舉更有人認為無關緊要……
對於，心情頹喪低落的人可是個揪心慰籍……
朋友沒了問候關懷，情淡了~
戀人缺了問候關懷，緣薄了~

夫妻少了問候關懷，份薄了~

經常的問候，是種惜情也是種真誠付出……

不時的關懷，是種惜緣也是種疼心對待……

人生沒有如果，只有結果和後果

如果，你今天的快不快樂是由別人決定……
如果，你明天的高不高興是由別人掌控……
你的生活是苦悶的……
你的人生是黑白的……
做你心情的主人，高不高興你說了算……
做你情緒的主宰，快不快樂你說了算……
聽我說，聽我說，你絕沒問題……
你可以，你可以，你絕對可以……

一個銅板打不響，裝瞎裝傻不亂想

舌頭齒唇相依偎，如膠似漆如乳水，有時稍一個不小心，也會咬到鮮血直流~

更何況，僅是偶然相遇相互交往，最後成為夫妻，一起生活的兩個世間男女~

慢慢會知道~
錢多錢少，夠用就好……
家貧家富，和氣就好……

慢慢會知道~
老公晚歸，回家就好……
老婆囉唆，顧家就好……

價值決定一切

存在，是因為你造就價值~
淘汰，是因為你失去價值~

展現價值，是職場不變現實~
利用價值，是職場無情事實~

價值，來自不間斷觀察學習~
價值，來自不停歇成長進階~

您一定要知道~
打拼不能輸，是因為輸不起……

您一定要知道~
跌倒不能退，是因為無退路……

痛一下又如何，苦一下又怎樣

痛，得不動聲色，再痛也得獨自忍受~
畢竟痛的是自己，別人無法感受~
苦，得保持沉默，再苦也得孤單熬過~
畢竟同甘人願意，共苦誰能接受~
苦，是成長的顛簸過程，也是種考驗……
痛，是心態的深層洗鍊，也是種蛻變……
受得了考驗，才能成熟穩健……
經得起蛻變，才能豁達幹練……

助人不語，行善不說

不管是用什麼樣的心念，以金錢資助，以體力幫助，或是以智慧援助他人……

這不但，是值得引以自豪的美德，更是一種疼心好意，也是種善行付出……

若是在事後，不小心在受助人的面前再提起……或是在人前人後不經意說溜嘴，再傳到受助人耳裡……先前的美德好意，立刻化為烏有，而且被認為是，自我吹噓的惡意，甚至於被醜化成，惡意消費受助人的壞蛋……

您一定要知道~
幫助人，不但要誠心熱情還得低調不說起……

您一定要知道~
做善行，不但要疼心謙卑還得沉默不提起……

四話不說

生氣出口四種話：嗆話，髒話，酸話，屁話~
不生氣絕不可能~
生氣開口必傷人~
容忍難，微笑不語不難~
包容難，保持沉默不難~
微笑不語是一種風度，也是種修為~
保持沉默是一種氣度，也是種境界~

不要說不可能，一個人可以做很多事

要不要做不是問題，值不值得做才是問題……

想做的好不是問題，方法對不對才是問題……

認為值得做，要做任何事都有可能，會擠出很多時間，還會找出更多方法……

價值決定意願，可以創造無限可能……

觀念決定態度，可以發揮無限產能……

苦悲自己擔，喜甜自己尋

孤單的時候，幫自己找慰藉……
寂寞的時候，幫自己找温暖……
挺得住孤單，受得住寂寞，是一種成長，更是種風骨……
受創的時候，幫自己尋療癒……
痛苦的時候，幫自己尋出路……
愈痛愈沉默，愈苦愈沉穩，是一種蛻變，更是種氣度……

慢慢會知道~
不苦不甜的生活是反常……
有苦有甜的生活是正常……

慢慢會知道~
無悲有喜的人生是悖理……
有悲有喜的人生是常理……

視野決定高度，高度決定格局

從高空往下看，全是怡人風景……
從山丘往下看，全是惱人垃圾……
如果你是螞蟻，眼前的小石就是障礙更是困境……
如果你是大鵬，眼前的大峰絕非障礙而是美景……
人若沒有高度，看到的全是難度……
人若沒有格局，看到的全是爛局……
螞蟻心態，任何小事都是天大的事……
大鵬心態，任何大事都是芝麻小事……
心態決定視野~

換個角度，提升高度寬大格局……

思路決定出路~

轉個觀念，調整價值改變結局……

就是要窮過，一定要輸過，更是要痛過

老師說~
要不斷成長，還要求新求變，更要自我突破…
問題是~
有人罩著何須求變……
有人靠著何須成長……
有人挺著何須突破……

窮過，才知花錢沒錢花的日子難渡……
輸過，才知比拼不如人的日子難受……
痛過，才知心靈受創傷的日子難過……
慢慢會知道~

只有窮過才知求變……

慢慢會知道~

只有輸過才會成長……

慢慢會知道~

只有痛過才想突破……

愈想愈煩，愈煩愈惱

別人一句話，讓自己不爽好幾天……
憂慮一件事，讓自己鬱悶好幾天……

數天後，
來亂的人，生活如常安然輕鬆順利自在，自己卻不時心煩難挨……
來煩的事，幾經轉折大事化小問題不在，自己卻每日懊惱難熬……

慢慢會知道~
沒人煩你，只是自己煩自己……
慢慢會知道~
沒事惱你，只是自己惱自己……

眼見還得求證，聽到更得查證

切莫，
想像當事實，假設當證據，看見黑影就開槍……
畢竟，
想像非事實，假設非證據，胡亂開槍必遭殃……
看到，
聽到的往往，僅是事實的局部，而非事實的全部……
有些
事實的全貌呈現時，才知錯怪了，才知冤枉了……
您一定要知道~
看到，並非看清也非看明事實真相……

您一定要知道~
聽到，並非聽清更非聽明全部事實……

不理不煩

有些人，
吃點小虧就變臉嗆聲，接續還到處找人投訴……
更有人，
受點挫折就哀聲嘆氣，然後就到處逢人訴苦……
前者，
說他壞也不怎麼壞，卻是小事做大者……
後者，
說他爛也不怎麼爛，卻是煩事製造者……
慢慢會知道~
改變不了別人，不如盡量改變自己……

慢慢會知道~
說服不了別人，不如選擇保持距離……

有人翻臉像翻書

餵野狗三天，牠會一輩子永遠認得你~
善待人三年，他可以細故翻臉不認人~
你會深切體悟，什麼是，人情似紙張張薄~
你會確實了解，什麼是，世事如棋局局新~
痛了才知道~
絕不是，每個人都可以真情付出……
輸了才知道~
更不是，每個人都可以用心對待……

人總是會變的，何必在意呢

有些人，你可以等待，但不能信賴~
有些人，你可以期待，但不能依賴~
說好的還是變了~
自己的路得自己走，畢竟事情總是要做……
講好的還是悔了~
自己的事得自己做，畢竟生活還是要過……
慢慢會知道，何須纏著往事不放手~
慢慢會知道，何必賴著曾經不肯走~

人生就是要比較，做人就是要計較

強壯的人~
絕不是計較，只要胳臂粗什麼都可以……
還是，什麼都可以只要胳臂粗……

驕傲的人~
更不是比較，只要我喜歡什麼都可以……
還是，只要我可以什麼都喜歡……

強壯的人~
應該認真比較，一百歲還不會被掛在牆上……

驕傲的人~
更該用心計較，三百歲還繼續被掛在牆上……

人生二八法則

慢慢才知道~
假使你對十個人好，只有二個人回應你……
後來才知道~
十個回應你的人，會得到二個人回報你……
算了才知道~
得對五十個人好，可能有二個人回報你……
老了才知道~
二個回報你的人，可能成為好友的機會……
輸了才知道~
人情似紙張張薄，世事如棋局局新……

痛了才了解~

富在深山有遠親，貧在鬧市無人問……

裝聾作啞是圓滑，裝笨裝傻是昇華

生活中，心情總有起伏，情緒必有波瀾……

若是，與親友家人互動對話時，稍有不慎碰觸到敏感話題……

這些，日常生活的起伏與波瀾，就會不自禁的抒發在言語中……

有些話，可能是非理性也不得體，更可能是顛三倒四不合邏輯……

若是，相互反駁對應必然引起鬥嘴，可能引發更大爭論……

此刻~
任何辯解絕對是多餘……
情緒早已如山洪潰堤……

慢慢會知道~
與其辯解，不如暫時裝聾作啞……
慢慢會知道~
與其反駁，不如暫且裝笨裝傻……

該你的就是你的，不是你的求不來

工作，是你的不用藏，沒有人幫你忙~
債務，是你的不用閃，沒有人幫你還~
幸福，是你的不用想，緣到敲你心房~
財富，是你的不用搶，時到入你銀行~
您一定會知道~
該來的總是會來，該去的總是會去……
您一定會知道~
有些事自然就好，有些人隨緣就好……

有能力不焦慮，有實力不自卑

有些人喜歡~
人家在台上講，他在底下囉嗦，　讓他站上去講，他卻嫌人多說……
更有人喜歡~
別人在前面做，他在下面亂說，　讓他站出來做，他卻嫌人胡說……
慢慢會知道~
聽不下別人的發言，是一種焦慮反射……
慢慢會知道~
容不下別人的表現，是一種自卑反彈……

經過容易，經歷不難，經驗最難

經過，
不過是，清風穿林不留痕跡~
經歷，
也僅是，悲歡離合苦甜喜樂~
經驗，
必須是，刻骨銘心煎熬洗鍊~

慢慢會知道~
你可以選擇經過，你也可選擇經歷，你更可選擇經驗……
慢慢會知道~
生活角色自己演，人生旅途自己選，生命劇本自己寫……

有想法得有真實本事，有夢想得有能力行動

將本事化做行動是隻老鷹~
將想法寄託在夢想是隻雞~

只是待在地上安逸生活，就是飼料雞~
勇敢躍上天際衝風高飛，才是真老鷹~

如果您是老鷹
就放膽縱向天空，展翅迎向無限可能⋯
如果您是老鷹，
就勇敢躍下深淵，逆風挑戰自我潛能⋯⋯

風度決定氣度，氣度決定高度，
高度決定格局，格局影響結局

風度絕不是穿戴時髦~
氣度更不是衣著華麗~
高度也不是身上有錢~

容忍不囉嗦，是一種紳士風度~
包容不說話，是一種高雅氣度~
寬容不動怒，是一種超然高度~

謊說的真是種藝術，謊說的巧是種智慧

最好的謊言，必須巧妙鋪陳部份事實……

最爛的謊言，就是從頭到尾沒句真話……

謊，說的中肯必成真心話~

謊，說的虛偽就是個屁話~

若是能，

協調紛爭，緩和緊張，化解僵局，為何不說謊話？

若是能，

溝通誤會，調和氣氛，周全結局，為何不說謊？

給別人機會，就是給自己機會

使我們困擾的，不是別人的行為……
困擾我們的是，自我內在的思維……
事能成得了局就好，不必在意誰做……
菜能上得了桌就好，何須在意誰煮……
慢慢會知道~
過度執著，不但別人沒機會，反而增加誤會……
慢慢會知道~
太過堅持，不但自己沒機會，反而成為累贅……

人心善變

對人設想周到叫窩心~
待人無微不至叫貼心~
無時不刻的窩心付出~
卻抵不過一句抱怨話~
就這麼一句竟然反了~
隨時隨地的貼心對待~
卻抵不過一句刺耳語~
就這麼一句竟然變了~

沒有人會記得你的好~
卻只會記得你的不好~
把窩心留給懂感恩的人~
把貼心留給知珍惜的人~

如如不動

知的不說，說的不知~
能的不講，講的不能~
沉著謙虛的人絕不是無能~
而是看似平凡卻是不平凡~
沉穩謙卑的人更不是無知~
而是看似平淡卻是不平淡~
自吹自擂人往往是妄自菲薄者……
自暴其短人往往是大言不慚者……

臭屁的人必然沒能力~
驕傲的人必定沒實力~

請安問好結好緣

見人說個好，是生活常理~
遇人道個安，是做人常禮~
有些人，看到竟然裝沒看到……
更有人，遇到就轉個頭走掉……
對人點頭寒暄說個好~
不是拍馬屁而是真誠~
對人致意問候道個安~
不是沒骨氣而是虔誠~

點頭寒暄很容易~
是一種風度更可得好緣……
致意問候很簡單~
是一種氣度更能結善緣……

心轉境移

孤單寂寞，不過是生活必然考驗……

受創痛苦，不過是人生當然磨練……

孤單時幫自己找慰藉~

寂寞時幫自己找温暖~

受創時幫自己尋療癒~

痛苦時幫自己尋出路~

只要，轉個想法就有更佳方法……

只要，換個角度會有更棒出路……

其實忙碌也是種幸福~
其實操勞也是種快樂~
其實疲憊也是種享受~
其實奔波也是種成長~
轉個彎就會看見燈光……
開扇窗就會看見陽光……

淡然如意自在

南柯一夢熟黃粱~
堪嘆人生不久長~
有生有死皆有命~
無貧無富亦無常~
再怎麼爭，也不過是三萬天……
再怎麼貴，也只是夜睡一床……
再怎麼富，也僅是日食三餐……
不管你是誰……

來時都是一絲不掛~
就算你是誰……
去時也是一縷輕煙~
看開了，生活如意平和……
放下了，人生自在安和……

因勢利導，順水而呼

逐影追形無止境~
入江捉月是空景~
見不到有成果的未來，何必疾首……
等不到有結果的將來，何不放手……
絕不是想要就要得到~
更不是想追就追得着~
順勢而為曾經努力就好~
順其自然已經付出就好~

不是你的怎麼追也追不到~
是你的不用追也會自然到~

慢則安，緩則圓

水深則流緩暗勁難衡~
人貴則語遲莫測高深~
沉默不是軟弱，而是以靜制動……
不語不是退縮，而是以柔克剛……
傾聽不是唯諾，而是以逸待勞~
讓步不是畏懼，而是以退為進~
硬著來必定兩敗俱傷~
對著幹絕對玉石俱焚~

事不用急，急事緩辦，事緩則圓……

話不用躁，躁話緩講，話緩則安……

好伴很重要

絕沒有人，軟弱到不能幫助別人……
更沒有人，剛強到不需要人幫助……
路不怕遠，就怕沒好的人同行……
事不怕難，最怕沒對的人為伴……
能不時問候關懷的，就是好同伴……
可隨時溝通協調的，才是好夥伴……
有好同伴相隨，路在遠不覺得遠~
有好夥伴共事，事在難不覺得難~

用情栽培就有好的人相伴~
用心經營必有對的人為伴~

幸福

幸福是什麼？

女兒說：晚上回家有人幫她開門，就很幸福~

母親說：我死之前家人全還活著，就是幸福~

學生說：肚子餓時有碗泡麵可吃，就很幸福~

幸福真的很容易……

心簡單就幸福~

能知足更幸福~

幸福真的不一而足……

到底幸福是什麼~
其實真的說穿了~
幸福就在轉念的那一刻開始……

以小看大，見微知著

有些人，一手捧碗一手拿筷，吃著碗內還看著碗外……

也有人，嘴中一口筷子一口，兩眼瞪著桌上沒入口……

吃相難看叫做貪相~

吃品誇張叫做無品~

吃飯是小事，卻可見證外在表相……

吃飯是常事，卻可驗證內在品格……

吃不是問題，吃相才是問題……

吃不是學問，吃品才是學問……

一樣吃卻有百樣相~

吃相看出風度教養~

一樣吃更有多樣品~

吃品看出氣度涵養~

吃出教養風度，踏出勝利第一步……

吃出涵養氣度，成功就在下一步……

做心情的主人

心情不是別人說了算~
心情是你自己說了算~
東家長西家短叫酸話~
說過的話再說叫屁話
對講錯錯講對叫爛話~
非講是是講非叫鬼話~
你是一個理性的人~
高不高興自己擔當~

你是一個聰明的人~
快不快樂自己做主~
絕不會讓幾句爛酸話擾亂心情……
更不會讓幾句鬼屁話影響生活……

看下去就知道

絕沒有，有了誰就不得了~
更沒有，沒有誰就活不了~
不要自以為什麼都不是~
萬不要自以為什麼都是~
過度的看得起別人就是在消遣自己……
過度的看得起自己就是在消費別人……
做事其實很簡單……
只要做該做的就好~

接下來就靜靜的看~
看別人做了些什麼~
你會知道誰是奴才~
做人其實很簡單……
只要說該說的就好~
接下來就默默地聽~
聽別人說了些什麼~
你會清楚誰是蠢才~

小心發言

切莫，想像當事實假設當證據，看見黑影就開槍……
畢竟，想像非事實假設非證據，胡亂開槍會遭殃……
飯或許可以隨便吃~
話絕對不可隨便講~
看到的可能僅是局部事實~
聽到的也許只是片斷事實~
看到不是看明，也非看清真相實情……
聽到並非聽清，更非聽明原由隱情……

親眼見還得再求證~

耳聽聞更得再查證~

總有無奈

誰真誰假，不遇事難知曉~
誰好誰壞，沒相處怎明了~
合和時如蜜糖難分……
分離時似毒藥難解……
物是人非之後，誰會惦記誰~
物換星移之後，誰會認得誰~
不願曲終人散人走茶涼……
領悟人心涼薄冷暖自知……

有些事即便看透也不能挑明~
有些人即便看清也不可揭穿~
不說話不代表心裡沒數~
不開口不表示心裡沒譜~

心靈的告白

歲月靜好溫柔以待~
時光不老怎能懈怠~
人生充滿著希望期待……
夢想接連著理想未來……
有些事只能一個人做~
有些關只能一個人過~
有些苦只能一個人受~
有些路只能一個人走~

有一種緘默~
其實是一種心路的坦白……
有一種寧靜~
其實是一種心靈的告白……
二十歲活出青春~
三十歲活出衝勁~
四十歲活出幹練~
五十歲活出豁達 ~
六十歲活出坦然~
七十歲活出智慧~

八十後笑看人生百態……
靜觀紅塵風花雪夜~
淡品世間雲霜雨露~
惟願歲月安靜美好~
如若今生時光不老~

知心難覓

哪有人沒打嗝放屁~
哪有人沒哈欠噴嚏~
哪有人不驕傲臭屁~
哪有人不哀聲嘆氣~
他沒變壞只是放下了矜持……
他沒變爛只是卸下了面具……
當面具卸下言行就隨興了……
當矜持放下舉止就任性了……

受得了卸下面具的你~
才是你今生的真心……
忍得了放下矜持的你~
就是你今世的知心……

光陰告白

鐘錶一圈好似日子沒變~
日曆一撕卻是日子不見~
日子一溜煙竟說了再見~
日子過的美好叫做精彩~
日子過的不好叫做經歷~
心隨境轉也得順其自然~
境隨心轉必當處之泰然~
刻意追求的反而得不到~

不期而遇的反而自來到~
每一個淡定懂事的現在~
是來自顢頇天眞的過去~
每一個淡然豁達的如今~
是來自糾結不安的曾經~
誰的成長不曾與淚水相伴……
誰的成熟不曾與心酸爲伴……
時間會給你最佳見證~
時光將給你最好驗證~

心情故事

和想懂你的人說話
像是遇到知音……
和不懂你的人說話
宛如對牛彈琴……
和在乎你的人說話~
聽到的是真心用情~
和討厭你的人說話~
換來的是冷漠無情~
最好的感覺是不問可知~

最美的感受是不言而喻~
知道你心想的是哪椿~
知道你靈寄的是哪方~
知道你為何面無表情~
知道你幹嘛面露哀形~
人生的美好……
是有人可想可念可喜歡 ~
感情的珍貴……
是有人可慰可掛可眷戀~
把心情留給懂你的人~
將感情留給疼你的人~

相處就明了

修養決定高度~
高度決定涵養~
涵養決定格局~
高度不夠的人~
看到的全都是齷齪和問題……
格局太小的人~
看到的都只是芝麻和蒜皮……
格局比你小的人~

否定懷疑批判攻擊你……

與你同格局的人~

肯定喜歡欣賞珍惜你……

格局比你大的人~

包容扶持守護鼓勵你……

習以為常就好

一人一張嘴，必定會說溜嘴……

一人一顆心，不可能會同心……

沒有不被挑剔的事~

更沒不被批評的人~

事總是被推三阻四~

人總是被說三道四~

被人批評是正常~

不被批評是反常~

看慣了生活如常~
看不慣生活失常~
看淡了人生彩色~
看不淡人生失色~

心留給對的人

好的歌，一曲可以連綿唱~
好的人，一生可以長相伴~
好的歌，也得遇到懂的人~
好的人，更得遇到對的人~

你再真誠，也得遇到珍惜的人……
你再付出，也得遇到感恩的人……
你再優秀，也得遇到識貨的人……
你再謙讓，也得遇到善良的人……

將你的真誠，留給懂得珍惜感恩的人……

把你的真情，留給懂得用心良善的人……

敬畏三老

有理走遍天下合情合理~
無理寸步難行通情達理~
不但鏗鏘有力而且理所當然~
不但剛強有力而且 正義凜然~
世間有三個老，不能不許講道理…
老婆老闆老大，不會不想聽道理……
對老婆，講道理是不想過了~
對老闆，講道理是不想幹了~

對老大，講道理是不想活了~

不是不能講，是因為他們了不起……

不是不敢惹，是因為他們惹不起……

珍惜

花無百日紅，人無千日好~
早時不算計，過後一場空~
總有幸福美滿的時光~
就是遇到，護著你寵著你包容你一切的好人……
更有徬徨無措的時候~
好人離開，竟就是護著你寵著你包容你的人……
包容，是因為你的温柔體貼~
離開，是因為你的蠻橫縱容~

有人疼何必太任性~
沒人疼就只能認命~
總是在痛了才知道要珍惜……
總得在輸了才知道要知足……

人性本惰

知道知道，就是做不到~
想到想到，總是又忘掉~
知道不容易，做到更不簡單~
想到不簡單，記住更不容易~
人性本惰，痛一下使人清醒~
人性本懶，輸一次讓人覺醒~
總是在，打趴在地之後才真正體悟……
總得在，一敗塗地之後才真正想透……

再痛一下使人更加清醒……
再輸一次讓人永遠覺醒……

喜歡不易，歡喜更難

不是你的愛不要等待~
不是你的菜莫掀鍋蓋~
被人喜歡，也很喜歡人家叫做快樂相逢
喜歡人家，人家不喜歡你叫做無法相容……
喜歡絕不是美或是不美~
而是感覺對又能看上眼~
喜歡更不是帥或是不帥~
而是感受對又能談的來~

喜歡不見得相處得來~
處得來必然兩相歡喜~
喜歡只是有緣卻無份~
歡喜才是有緣也有份~

在乎你的種種

就是要在意你的感受~
就是要在乎你的感覺~
被人在乎是一種溫馨~
被人在意是一種温暖~

在乎別人，不但是替人着想更是用心付出……
在意別人，不但是替人設想更是真心對待……
在乎親人的感覺，是維持親情的不二法門……
在意友人的感受，是維繫感情的唯一方法……

把愛留給在乎你的人～
把情留給在意你的人～

不用理會

有些人自以為很聰明~
卻不知什是自知之明~
更有人自認很有想法~
卻從不會替人想辦法~
讓人點出問題他立刻變臉~
讓人說出辦法他馬上臭臉~
這不只是雞腸鳥肚，而是沒有風度……
這不只是目光如豆，而是令人作嘔……

改變不了就保持距離~
不好相處就趁早遠離~

當家做主

生活沒有如果，只有結果和後果……
人生沒有如果，只有成果和惡果……
如果，今天快不快樂是由別人決定……
如果，明天高不高興是由別人裁定……
生活必然失意漂泊~
人生必定壓抑落魄~
大膽掙脱束縛做自己的主人……
放膽打破藩籬做自己的主宰……

心情高不高興你說了算~

心境快不快樂你說了算~

家庭生活

誰家廚房不生火~
誰家日子不紅火~
熙熙攘攘稀鬆平常~
吵吵鬧鬧多算家常~
偶爾芥蒂怎會沒有~
有時嫌隙多少都有~
偶爾猜忌怎會沒有~
有時疑慮多少都有~

你若在意生活沒趣~
你若在乎人生嗚呼~
豁達一點，糊塗一點婚姻美滿……
成熟一點，顢頇一點家庭圓滿……

讚聲掌聲皆大歡喜

吵吵嚷嚷事難成局~
沸沸揚揚成事無期~
有些人還沒做，竟說我不能~
更有人還沒動，就說我無能~
不能是假的，不願意才是真的……
無能是假的，不想做才是真的……
不願意，是因為雜音多起不了興趣……
不想做，是因為意見多使不了力氣……

一句讚聲鼓勵就是最佳推力……

一個掌聲勉勵就是最好動力……

絕對可能

請不要說絕不可能~
你若要做絕對可能~
要不要做不是個問題~
值不值得做才是問題~
想做的好更不是問題~
方法對不對才是問題~
值得做，即便三餐不食有時間……
想要做，即使三更半夜有方法……

價值決定意願，創造無限可能~
觀念決定態度，發揮無限潛能~

生氣沉默，動怒不語

生氣出口三種話……

心生不滿講酸話~

氣沖腦門說屁話~

動怒抓狂嗆髒話~

不生氣絕不是人~

生氣開口必傷人~

你一言我一語沒完沒了~

你一句我一句無法善了~

不語必然風平浪靜~
多言絕對暗潮洶湧~
沉默是一種風度也是種修養……
不語是一種氣度也是種涵養……

一路走來

曾經幫懶惰找可笑藉口~
也曾幫藉口編荒唐理由~
痛過才知道輸在那裡~
輸過才知道痛在何處~
知道不能輸，因為輸不起……
知道不能退，因為沒退路……
認真打拼是僅有本錢~
用心堅持是唯一靠山~

成熟了，知道方向就在那裡……

豁達了，知道路線就在眼前……

默觀靜等，不變應變

看似滿腹真誠又能如何~
沒實現之前只是個前題~
好似真實明確又能怎樣~
未兌現之前還是個話題~
挺得住拖延，受得了虛假叫做成長……
持得住本分，受得了煎熬叫做成熟……
守得住初衷，受得了誘惑叫做成才……
愈熬愈沉默，愈靜愈沉穩叫做成器……

有真有假的人生是平常……

有虛有實的人生是正常……

成功不容易，成就不簡單

成功絕不是偶然~
成就更不是突然~
成功是一種境界~
成就是一種定位~
成功是衆所矚目必是掌聲響起……
成就得付出代價絕非三言兩語……
成功路上，得走過艱辛折磨和風霜雪雨……
成就背後，得忍受寂寞苦楚和血汗洗禮……

給獲得成功的人喝采~
給贏得成就的人讚聲~

你容我容，你儂我儂

家和萬事興~
家亂萬事廢~
婚姻關係的維持不容易~
夫妻之間的和諧不簡單~
絕不是，靠一張簽字結婚證書……
更不是，靠一堆山盟海誓承諾……
也不是，靠一堆海枯石爛誓言……
靠的是，永續不斷的相互包容…

包容是忍耐更是從容~
包容是接納更是縱容~
包容是裝瞎更要裝聾~
很難嗎?.當然沒那麼容易~
怕了嗎?.怕就不要跳進來~

說到做不到很掉漆

沒本領就不要答應~
沒本事就不要點頭~
承諾是假的，兌現才是真的……
理由是假的，拖延才是真的……
拖延是假的，騙人才是真的……
有人講什麼都答應~
到頭來裝迷糊回應~
有人說什麼都點頭~

到時候裝無辜縮頭~

做人，有幾分能力說幾分話……

做事，有多少斤兩擔多少重……

順其自然不煩惱

多想多惱愈煩愈惱～
不想不惱沒煩沒惱～
別人一句話，讓自己不爽好幾天……
憂慮一件事，讓自己鬱悶很多天……
亂我的人，生活如常安然自在……
自己竟然，整日不時憂煩難挨……
煩我的事，幾經轉折問題不在……
自己卻是，每日忐忑心神受災……

沒人煩你，只是自己折磨自己……
沒事惱你，只是自己糟蹋自己……
順其自然，船到橋頭自然直……
不用煩惱，車到山前必有路……

以心轉念

有些糾結話不是不說~
而是說出來又能如何~
有些難解事不是不講~
即便講出來又能怎樣~
話若講出來腦中全空白~
事若說明白眼淚掉下來~
總有說不出的難言悲處~
更有不能說的痛心苦楚~

與其說出傷心無解~
不如選擇內化自解~
與其講出錐心糾結~
不如選擇內斂釋結~
畢竟，心病還需心藥醫~
終究，解鈴還須繫鈴人~

靜觀淡看

有人喜歡想像當八卦~
有人喜歡假設亂放話~
芝麻小事就大作文章~
雞皮蒜毛就大搞誇張~
真的假不了，當事實出現……
無聊八卦，必定被狠打臉~
假的真不了，當真實呈現……
無聊放話，絕對被慘翻臉~

與其多一事不如少一事……

與其少一事不如不惹事……

聰明的人靜觀世間百態……

智慧的人淡看人生醜態……

傻一點就沒事

裝聾作啞是 一種圓滑~

裝笨裝傻是 一種昇華~

生活過日心情必有起伏~

日常起居情緒總有波瀾~

與親友家人互動對話時，稍有不慎會碰觸敏感話題……

日常生活的起伏與波瀾，都會不自禁的抒發在言語……

有些話語，可能缺乏理性也不太得體……

某些表達，更可能隨興發言不合邏輯……

若是，據理反駁必定引起變臉……

若是，力爭指責必然引發翻臉……

此時，情緒早已山洪潰堤~

此刻，任何辯解絕對多餘~

與其辯解，不如選擇裝聾作啞…

與其反駁，不如暫時裝笨裝傻…

真真假假，假假真真

真的又如何，真的使人美夢成空……
假的又怎樣，假的讓你夢幻成真……
事實必然是現實，現實必定是真實~
真實必然是殘忍，殘忍必定是難忍~
化妝前不等於卸妝前~
包裝後不等於拆裝後~
有些事何必求真，月還是朦朧的美……
有些夢何必打醒，境還是夢中的美……

要真要假由你選~
要夢要醒隨你便~

知錯能改善莫大焉

一次受騙叫做無知~
再次受騙叫做白癡~
三次受騙抓去餵豬~
受騙再犯叫做累犯~
累犯再錯疑似共犯~
錯了再錯執迷不悟~
犯了再犯一條死路~
神仙打鼓有時錯~

腳步打差誰人無~
犯錯不是什麼問題~
要深切反省錯哪裡~
錯不是什麼大問題~
知錯能改就沒問題~

莫言

別揣測人意，那會讓你失望……

別試探人心，那會讓你絕望……

有些話聽了就好，不要當真……

有些事知道就好，不必戳破……

有些人看清就好，不用拆穿……

沒人在意你的倔强~

沒人心疼你的堅强~

痛而不言是一種修為~

笑而不語是一種境界~

聽聽就好

有些人總有滿嘴說法~
卻從不見有具體方法~
更有人總有滿腦想法~
卻從不見有實際做法~
就是愛隨性大放厥詞~
被質疑時卻要賴瞎掰~
更是愛隨意信口開河~
被追問時卻要狠硬拗~

路遙知馬力，是實是虛時間會知曉……

日久見人心，是真是假感受最明了……

平安是福，健康是樂

也許你對生活感到怨煩苦惱……
或許你對人生感到忿恨煎熬……
走一趟醫院會有很多感觸~
探一下病房會有更多領悟~
很多人不只是苦惱~
而是不知如何病好~
更多人不只是煎熬~
而是不知如何醫好~

你會知道，什麼叫做比上不足比下有餘……
你會知道，只要疾苦遠離什麼都是多餘……
生活只要平平安安最好~
人生只要馬馬虎虎就好~

算了

呼喚是真心的吶喊~
吶喊是良善的關懷~
絕喚不醒，一個總是裝睡的人……
更喚不回，一個不想懂你的人……
把單純的良善留給懂得感恩的人……
把難得的真心留給懂得珍惜的人……

家庭人生

家是說愛講疼的地方~
不是說道講理的地方~
家是心甘情願的地方~
不是訴苦埋怨的地方~
不要斤斤計較，馬馬虎虎就好……
不要樣樣比較，歡喜高興就好……
不要紛紛擾擾，生活快樂就好……
不要爭爭吵吵，人生一晃就老……

生活不容易，用情經營就容易……

人生不簡單，用心耕耘就簡單……

接受挑戰，放手一搏

人生道路哪有風平浪靜~
生活旅途哪有萬里無雲~
彈簧沒受力只是塊鐵圈~
承得了壓力才是個彈簧~
皮球不受氣僅是張橡皮~
灌飽了空氣才是個皮球~
壓力是危機也是翻身的轉機……
受氣是契機也是蛻變的佳機……

壓力是展現潛在能力的機會……

受氣是呈現自我實力的舞台……

與其閃躲，不如接受衝擊~

與其逃避，不如全面迎敵~

休息完再走，放鬆後再拼

是你的路沒有人幫你走~
是你的事沒有人幫你做~
生活沒有如果，只有成果和惡果~
人生沒有如果，只有結果和後果~
生活之路很長，最終才知成敗~
人生旅途很遠，終點才曉能耐~
不用那麼急~
渴了，沏一杯清茶休息完再拼……
何須那麼趕~
累了，聽一首音樂放鬆後再走……

給些時間，多些關懷

你不講話，他會生氣~
你在講話，他生悶氣~
你講正經，他不在意~
你再解釋，他當放屁~
有些人，情緒上來就隨意使壞……
更有人，心情不好就隨興擺爛……
發脾氣的人有理說不清~
鬧彆扭的人沒嘴沒眼睛~

用心多關懷必定會轉好~

耐心給時間明天會更好~

物以類聚，人以群分

理念不合半句嫌多……
想法不同不必多說……
講話顛三倒四，有人認為是好相處~
講話四平八穩，有人認為很難相處~
講話拐彎抹角，有人附和更有人追隨……
講話坦然直率，沒人讚同更沒人理會……
不是很難相處，而是沒相同感觸……
不是沒人理會，只是感受不對味……

做對的事不用懷疑……
說對的話不用阿諛……

不是不想說，是不敢說

你讓我往東，我不敢往西~
你讓我抓狗，我不敢逮雞~
聽話並非沒有意見~
唯諾絕非全無主見~
不語是怕唇槍舌劍~
允諾是怕火花四濺~
相處不是誰說了算，應該是體諒說了對~
互動不是誰說了算，應該是尊重說了對~

感情要歷久彌新，唯賴真誠用心……

情誼要恆常不離，依賴疼心不移……

善良不是傻，厚道不是笨

做人其實很簡單，待人其實很容易~
你對我好，我會對你更好~
你對我軟，我會對你更軟~
你尊重我，我會更敬重你~
你輕忽我，我何須在乎你~
誰都不傻，只是不願講明~
誰都不笨，只是不想說出~

若無相欠怎會相見

伸手只在一瞬間，牽手卻需很多年~
相聚僅是因緣遭遇~
分離不必哀聲嘆惜~
澎湃只是隨興歡喜~
平淡何須糾結懷疑~
欠多的，執子之手與子偕老~
欠少的，甜蜜牽手終究落跑~
緣字難懂，看淡了自在隨意~
心靈難讀，想開了平和隨緣~

存好心做好事就好

做人只要憑良心，不用在意別人怎麼想～
做事只要安好心，何須在乎別人怎麼看～
別人的願望，即便你達成也不見得有掌聲～
別人的要求，即使你做到更不見得有讚聲～
與其在乎別人想法，不如在乎是否真心付出做自己……
與其在意別人看法，不如在意是否用心堅持做事情……
你若在乎必定睡不好……
你若在意日子很難熬……

閒久會笨，沒事變呆

什麼長都可以當，就是不要當廳長……
坐在客廳，吃飯配電視的人叫廳長……
退休後的人，都會閒賦沒事待在家……
待業中的人，必定無聊沒事呆在家……

人沒事久了~
邏輯思考會退化，陰霾負面絕對找上門……
人閒太久了~
身體機能會弱化，苦惱病痛必定來敲門……
得到處走走~

找些，能給陽光朝氣的人聊聊……

要外出逛逛~

找尋，能給向上機會的人談談……

懂的人不用多說，不懂的人不用說

聽的懂就是聽的懂~
聽不懂還是聽不懂~
聽了就懂叫頭腦佳~
聽完不懂叫老人家~
說不清楚聽了明白~
說很清楚聽不明白~
聽了明白叫悟性佳~
聽不明白叫輸人家~

使個眼神，就明白的人不必囉嗦……
說個起頭，就知尾的人不用多說……

焦慮引心寒，煩惱易心累

身病有藥醫，心病無藥救~

惦念多的人易焦慮……

懸念多的人最煩惱……

突然有人問你，數天前說那一句什麼意思……

問的人口氣像警察，聽的人當下楞住，不知如何回答……

勿然有人問你，數月前講那句話什麼目的……

問的人口氣像法官，聽的人當下傻住，不知怎麼回事……

心寒的人~

需要您多一份關懷，多一份溫暖……

心累的人～

需要您多一份傾聽，多一份問暖……

理性的相聚，任性的隨意

不要在乎失去了誰……

要在意剩下了是誰……

絕不是任性說了算……

更不是隨性誰了算……

就那麼一句話~
想法不同，再怎麼解釋都聽不下去，就這樣掉頭離去……

就那麼一件事~
看法差異，再怎麼說明就是不同意，就這樣轉身而去……
何必因為求全，做法就得委屈……

畢竟，做人還是要有點骨氣……

不需因為顧忌，看法就得同意……

畢竟，做事還是要有點霸氣……

抛的開就看的淡

想的太多才會掉淚~
做的太多才會負累~
付出太多自討苦吃~
追逐太多生活白癡~
慾望是苦痛的根源~
追求是疲累的化身~
你若，抛的開清心自在……
你若，看的淡快樂常在……

人生虛偽，做人無奈

擁有一顆好心，不如一張好嘴……
人生就是這麼虛偽~
做人就是這麼無奈~
會做的不如會說的~
會說的不如會假的~
虛話假話使人歡喜~
真話誠話令人厭惡~
真情可貴，請您用心領會……
問心無愧，請您從容面對……

累了就放下，痛了就拋開

沒有希望就沒失望~
沒有期望就沒盼望~
想的太多就放不下~
陷的太深就捨不得~
經過的人，給我們很多感觸~
經過的事，給我們很多啓迪~
如果，累了還放不下就難過~
如果，痛了還捨不得就痛苦~

路遙知馬力，事久見人心

木訥寡言，絕非忠厚老實~
能言善道，更非浮誇不實~
不愛說話不會表達，可能是不學無術，也可能是大智若愚……
很會說話善於表達，可能是勤奮好學，也可能是愛耍嘴皮……
認識一個人很不容易~
了解一個人更不簡單~
是驢是馬經驗會知道~
人才奴才時間會明了~

人累不可怕，心累才可怕

事不對不用堅持，人不對不用躊躇~

有些事~
即便你絞盡腦汁還是得不到青睞，就放棄吧……

有些人~
即便你費盡心機還是求不到善待，就放手吧……

要知道~
累了才休息真的很累……
休息了才知道累更累……

要堅持~
當年日落西山你不陪……
今昔東山再起你是誰……

批評得有根據，挑剔得有事實

要批評～
必得，搞清整體事實再下斷語……
要挑剔～
也得，深入了解狀況再給點評……
很多人～
見到黑影就開槍，不但胡說八道還頭頭是道……
更多人～
憑空想像當事實，不但黑講白講還隨意亂講……
到頭來，別人難受自己更難受……
到頭來，別人受傷自己也重傷……

有緣是寶，無緣是草

感覺就是這麼奇怪~
感受就是那麼無奈~
不喜歡就不要討好~
不高興就不要打擾~

喜不喜歡~
不是誰說了算，而是看上眼說了算……
高不高興~
不是誰說了算，而是對上味說了算……
不是，你的菜莫掀鍋蓋~
不是，你的愛不要等待~

整理好情緒再回家

最大的錯誤，就是將爛情緒給親人~
最差的示範，就是將壞心情帶回家~
生活必有不便利，人生總有不如意~
工作必有不順利，心情總有不美麗~
笑容，是回家最佳的裝扮~
喜悅，是家人最好的禮物~

隨心隨緣

園裡選花越選越差……
霧裡看花越看越花……
有對味的就做選擇……
對上眼的快做決定……
存好心必定結好緣……
存善念肯定結善緣……
何必在意~
天龍只能配飛鳳，蛟龍只許配嬌鳳……
不用在乎~
王八也可配綠豆，跳蚤更可配臭蟲……

成功失敗就在轉念間

坊間如是說：

輸人不輸陣，輸陣歹看面~(請用台語唸)

這是一句台語俗語，是街坊鄰居皆知的淺道理，也是老長輩的好提點~

深層含義是：

做人做事，得跟得上別人，絕不能輕言放棄，更不能隨意認輸

這是面子問題，也是裡子問題~

這更是生存法則……

這也是人生道理……

成功的人，以行動展現自己~

失敗的人，用嘴巴說說而已~
成功失敗，就是僅差在這裡~

開心一下又何妨

青年如是說~
只要我高興什麼都可以……

老年如是說~
只要我可以什麼都喜歡……

這兩句~
看似平淡無奇的話，卻含蘊著光陰無奈與歲月欺人……

古詩如是說~
好花堪折直須折，莫待無花空折枝……

有時何必那麼矜持，偶爾率性一下又如何……
有時何必那麼正經，偶爾隨性一下又怎樣……

取捨一念間，苦甜心間流

痛過才知，放棄了不該放棄的人~
輸過才知，堅持了不該堅持的事~
後來才知，應該堅持的絕不放手~
終於才知，應該放棄的絕不挽留~
不幸福不快樂就放手~
捨不得放不下更痛苦~
曾經擁有就留做回憶~
現在擁有得更加珍惜~

就是要嗆聲幹譙

什麼都沒做~
無端被八卦造謠，被借勢無事生非……
什麼都沒說~
無故被扭曲事實，被借端耳語批判……
不抓狂的，肯定不是常人~
不生氣的，絕對不是凡人~
與其生悶氣，不如找個好地方宣洩嗆聲……
與其硬壓抑，不如找個好麻吉一起幹譙……
嗆嗆就好，吐清悶氣沒煩腦……
譙譙就好，壓力消散人不老……

邪念難度日，惡執難安眠

想歪想邪難度日，疑神疑鬼難安眠……

一個老是說人壞話的人，必定會懷疑別人說他壞話……

一個老是打小報告的人，必定會懷疑別人打他報告……

不正直的人，都會把任何人的舉止想歪……

不正經的人，都會把任何人的行為想邪……

三老即是寶

佛家有三寶，道家也有三寶，人老了更要有三老……

三老就是三寶，三寶俱足，生活舒心如意，人生幸福美滿……

人生，下半場必須有三老，老伴，老友，老本……

吵鬧不離的是老伴~

無所不談的是老友~

想花有錢的是老本~

有夢最美，認真打拼尋三老……

希望相隨，用心堅持做三老……

要爭就跟自己爭

與同事爭，爭贏團隊散了～
與老板爭，爭贏工作完了～
與客戶爭，爭贏生意沒了～
與朋友爭，爭贏情誼遠了～
與愛人爭，爭贏情緣疏了～
與親人爭，爭贏親情離了～

當別人都不跟你爭～
你那兒都去不了，只能閒在家當，閒家，孤家，輸家……

別人都輸只有你贏~

你除了輸還是輸，而且一路輸到底……

為何不跟自己爭，爭大自己爭強自己，你就是大贏家……

問候關懷

一句真誠的問候~
有人，認為沒有意義更有人認為無此必要……
對於，遭遇孤單寂寞的人卻是個感心温暖……
一句真心的關懷~
有人，認為多此一舉更有人認為無關緊要……
對於，心情頹喪低落的人可是個揪心慰籍……
朋友沒了問候關懷，情淡了~
戀人缺了問候關懷，緣薄了~
夫妻少了問候關懷，份薄了~
經常的問候，是種惜情也是種真誠付出……
不時的關懷，是種惜緣也是種疼心對待……

偶爾戲一下

朋友喜歡你~
因為，你講話正經得體，回應就是令人心愉……
親人疼惜你~
因為，你講話輕聲細語，回話更是順人心意……
也許，這絕不是你的個性~
或許，這更不是你的類型~
畢竟，戲如人生，人生如戲……
人家，喜歡溫柔婉約歌仔戲~
幹麻，扮演義薄雲天武俠劇~

裝傻都快樂，快樂多裝傻

快樂就是，一直裝傻，永遠裝傻，一直裝傻到永遠……

有些話你聽了只能搖頭……

想說些什麼卻不能說，只有裝傻……

有些事你看了只能嘆息……

想做些什麼卻做不了，只能裝傻……

有些人你想了就會生氣……

想離那個人卻離不了，僅能裝傻……

看清了就釋懷，看透了就豁達

你的好，就像吃一塊蜜糖，別人過了喉即忘……

你的壞，就像割一道傷疤，別人會惦念不忘……

對人好，那個人還會回頭對你示好，算你心地好……

對人好，那個人還會借機向你討好，算你運氣好……

對人好，那個人忘掉你以前的不好，算你撿到寶……

小丑成不了氣候，小鬼轉不了大人

心胸開闊大事化小，心胸狹窄小題做大~
有些人，遇芝麻丁點小事，就緊張跳腳比較~
更有人，逢蒜皮鳥毛小事，就高調嗆聲計較~
笑笑就好，默笑小丑如何跳腳比較~
看看就好，冷看小鬼如何嗆聲計較~

率性做自己，順心就喜樂

扶你百次不會惦記，踩你一腳立馬離去……
不想你的不用打擾……
不理你的不用示好……
不疼你的不用計較……
不愛你的不用討好……
慢慢會知道~
不惜情的人何須期待……
慢慢會領悟~
不惜緣的人不用等待……

真正的幸福

錯了，有人包容你~
累了，有人心疼你~
傷了，有人護著你~
哭了，有人安慰你~
冷了，有人抱著你~
窮了，有人跟著你~
病了，有人照顧你~
老了，有人陪伴你~

幸福，不是你能左右多少人……

幸福，是多少人能在你左右……

平易近人很重要，和藹可親更重要

丟掉面子自在清閒，拋下架子左右逢源……

面子～

是一種虛榮更是種比較，就是有人很愛面子……

架子～

是一種自卑更是種計較，就是有人愛擺架子……

愛面子～

猶如擦脂抹粉，不過是，自我感覺良好……

擺架子～

好似高不可攀，必定是，外面觀感不佳……

聽不清的不用講，說不明的不要聽

講的很簡單還聽不懂叫老人家~
說了半天還說不清楚叫爛嘴咖~
聽人說話容易~
聽的明白，聽出用意，知道目的不容易~
對人講話簡單~
說的清楚，講出重點，說出道理不簡單~
說了頭會痛~
有些人，不但聽不明白也聽不出用意，就是要胡扯……
不說頭更痛~
更有人，不但說不清楚也說不出重點，還是要瞎掰……

聽的清楚，說的明白，又不胡扯的是高尚人……
聽不清楚，說不明白，又亂瞎掰的是搞死人……

當心靈的主宰，當生活的主人

怎麼會這樣？
別人胡亂謅一句話，就讓你心神不靈好幾天……
真的很奇怪？
別人瞎鬼扯一些話，就使你睡不安穩好幾夜……
告訴自己~
我絕對可以獨立思考，更可以自我掌控……
相信自己~
我必定可以當家做主，更可以自己安排……
過自己喜歡的生活，喜歡過自己的生活……

放入口的重要，說出口更重要

坊間如是說：
病從口入，禍從口出。
這句話講的好重，回頭想想確實也是如此……
入口健康身體平安，入口骯髒身體欠安~
講話順耳福樂滿盈，講話逆耳惡臭蒼蠅~
放入口即便不好，傷的僅是自己~
說出口若是不好，傷的可是別人~
一句話三尖六角，三色人講五色話~
罩子放亮有人緣，講話算計得好緣~

人群中講人話，鬼巢中講鬼話~
仙班中講仙話，豬窩中講豬話~
說好話生活開心，說美話人生清心~

透了就容易，淡了就簡單

晨起暮休是福氣，日出日落是日子～
東奔西跑是萬幸，忙東忙西是人生～
不管，高不高興這就是日子～
不管，喜不喜歡這就是人生～
每日，都能跟隨著朝起暮休～
就是福氣，這表示依然存在～
每日，都能自在的東奔西走～
就是萬幸，這表示仍然健在～
日子，總有悲喜苦甜，這就是日常生活……
日子，更有恩愛情仇，這就是正常人生……

想透了，日子就是這麼容易……
看淡了，人生就是這麼簡單……

做人要乾脆爽快

阿嬤如是說：

一聲二聲汝嘸來，三聲四聲阮嘸愛（請用台語唸）……

字面意思是：

叫你一聲二聲，你不理會我……

叫你三聲四聲，即便你來了，我也不高興……

深層含意是：

當需要幫忙時，的確有時間的急迫性，若能得到即時的回應和幫贊……

得到，即時幫助的人必定會高興歡喜……

若是，向他人請求幫忙~得到的卻是愛理不理，推拖怠慢……

最後，即便是人出現了~卻也，早己拖過那當下及時需求……

當下，除了不爽還是很不爽……

當時，除了賭爛還是很賭爛……

做人就是要乾脆，要嘛就說：沒問題~

做人就是要爽快，要不就說：我沒空~

看開舒坦，看淡開朗

就是這麼奇怪~
得不到，就覺的不舒服……
就是這麼難懂~
得到了，卻覺的沒什麼……
就是這麼矛盾~
拋棄了，卻又是捨不得……
看開了就舒坦~
畢竟，有得有失才是生活……
看淡了就開朗~
畢竟，有收有放才是人生……

贏自己就好

說好，不要緊張上了場還是緊張……
參賽，爭名次就是跟別人拼輸贏……
心情，必定緊張成績很可能反常……
換個想法~
比賽跟自己比，絕不是跟別人拼……
轉個心態~
情緒必然放鬆，結果一定是如常……
告訴自己~
今天贏過昨天的自己，就是成就……
提醒自己~
明天勝過今天的自己，就是成功……

皮人不用理

坊間如是說：
天下無難事，愈皮愈紳士(請用台語唸)……

其中含意是：
這是一句反諷的話，意思是說：世間沒什麼困難事，只要夠不要臉，什麼事都可盲混過去。
這當然是不對，也絕沒有人可以接受。

就是有人~
人家對你好，理應吃人一斤還人八兩……
反而是裝糊塗，不但好還要求再更好……

更是有人~
人家借你錢，理應有借有還再借不難……

反而是裝可憐，不但前帳不還再加碼……
不用生氣~
若是改變不了，那就少理會最好……
不用頭痛~
假使說服不了，那就避不見最好……

準備是必然，等待是當然

機會是留給準備好的人~
前提是真的準備好了嗎~

準備好，絕不是霸氣說了算，是有能力說了算……
準備好，更不是任性說了算，是真實力說了算……
還得耐的住寂寞，才是真的準備好……
更得受的了孤單，才是真的準備好……
慢慢才知道……
有些事，只能默默做不能說……
慢慢才知道
某些事，只能暗暗想不能做……

累煩很正常，難苦更正常

人生，真的是這麼簡單……
只要，轉個小彎就會看見燦爛陽光……
生活，真的沒那麼困難……
只要，換個想法就會打開心內門窗~
累是應該的，不累是留給死人的……
煩是應該的，不煩是留給聖人的……
難是應該的，不難是留給笨人的……
苦是應該的，不苦是留給懶人的……

錢只要夠用就好，錢量力敢花最好

有此一說：
大富靠先天八字，小富靠後天勤儉~

也有人說：
有命花錢叫財產，沒命花錢叫遺產~

更有人說：
不要想怎樣省錢，應該想如何賺錢~

就是有人~
錢想花卻不敢花，揪心難熬睡不著……

更是有人~
錢不該花卻花了，傷心後悔吃不下……

大家一起~
認真努力用心賺，量力而為開心花……

空口無憑立字為據

真的非常傷腦筋~
有些人已經說好的，就差沒白紙黑字，就是變了……
實在令人很頭痛~
更有人已經講好的，就差沒簽名蓋章，硬是反了……

有人說話像唱戲~
一開始，昂揚頓挫柔情美意……
到頭來，無影無踪不留痕跡……

有人講話像放屁~
一開始，劈哩啪啦鏗鏘有力……
到頭來，無聲無息隨風飄去……

隨意就好，夠用就好

世上最難兩件事~
一就是，將自己的想法裝到別人腦袋……
二就是，將別人的金錢裝到自己口袋……

人就是這個樣~
俗話說：一人一把號，各吹各的調。聽不聽的下，信不信的過，不是誰說了算……

錢就是這個樣~
俗話說：錢有四隻腳，人有兩隻腳。追不追的上，得不得的到，不是誰說了算……

果是如此，何不轉個心念，換個作為……

人只要歡喜就好，人能夠爽快就好……
錢只要夠用就好，錢能夠不缺就好……

假醉的人叫不醒，假睡的人不想醒

真的想學的人~
你說他認真，你不說他更認真……
你說頭他知尾，你舉一他反三……

放棄學習的人~
你說他當真，你不說他不當真……
你說三他道四，你推三他阻四……

學不學，是想學的人說了算~
聽不聽，是想聽的人說了算~

有些人隨緣就好~
畢竟，你想教不見得他想學……
某些人隨意就好~
畢竟，你想講不見得他會聽……

轉念做自己

態度決定方向，對的就要堅持~
氣度決定價值，錯的就要放棄~
不要生氣，就是要爭氣……
不要看破，就是要突破……
不要嫉妒，就是要大度……
不要消極，就是要積極……
不要心動，就是要行動……
做人，自己心裡明白就好~
處事，自己心裡清楚就好~

還是不要說

坊間如是說：
伸縮絕對無師父，做人真正費功夫~

老師如是說
對的就是要堅持，錯的就是要導正~

老師更是說：
做錯事說錯話，得立馬導正，這是做對的事，對的就是要堅持~
若是做錯事的是，不容挑戰權威的人~
假使說錯話的是，絕對得罪不起的人~

您會知道~
裝啞是一種無奈，也是種能耐……

您會了解~
裝聾是一種技術，也是種藝術……

做事簡單就好，感情單純最好

一人挑水吃，二人擔水吃，三人必定沒有水吃……

一人很快活，二人好生活，三人必是你死我活……

人多嘴雜，意見多糾紛不爽最多……

人多複雜，想法多混亂爭吵更多……

大家都知道~
講到做事要先溝通，問題是，誰得先聽誰的溝通……

大家都了解~
談到感情得先協調，前提是，誰得先聽誰的協調……

生活可以有對手，絕對不要有敵人

對手，可以競爭也可以合作~
敵人，必是你死要不就我活~
生活，總有價值高低計較~
做事，更有競爭輸贏比較~
若是將對手視為敵人~
出口，必是咄咄逼人，不是你輸就是我贏……
若是將對手視為仇人~
出手，必是刀刀見骨，不是你生就是我死……

若是，能與對手協調溝通，大家截長補短~
很可能，成為合作共享的朋友……
更可能，成為互利互惠的益友……
換個想法，以退為進合作進步……
轉個心態，以和為貴相互扶持……

付出會很快樂

做好事，何須等有閒有錢~

最近邀請一位老朋友，一起去做社工訪談~

他悻悻然回了我一句：我還在上班，沒有空也什麼錢~

那當下，我無言……

說實在的，我也在上班，也沒什麼錢，更沒什麼閒~

做好事是一種付出，付出不一定是錢，比錢更有價值的是：

問候關懷，是一種熱誠付出可感動人心~

陪伴傾聽，是一種窩心對待能溫暖心靈~
至於時間，可騰出例假日或利用下班時間~
畢竟~
若不想做，會找借口也會編理由……
若是想做，會找方法也會找時間……
其實~
做好事的人，隨時都很快樂……
很快樂的人，隨時會做好事……

做的好不如說的巧

事做好，不如說好話～
說好話，不如說對話～
說對話，不如說巧話～
工作做三分，好話講七分，保您人生一百分……
工作做十分，好話講零分，保證人生亂紛紛……
說對話， 好康不在話下 ～
說好話，任您縱橫天下～
說巧話，保您吃香喝辣 ～

什麼樣的人生自己選

經過，不過是清風穿林不留痕跡~
經歷，也僅是悲歡離合苦甜喜樂~
經驗，必須是刻骨銘心煎熬洗鍊~
你可以任性選擇經過~
你也可隨興選擇經歷~
你更可瀟灑選擇經驗~

生活的角色自己演~

人生的旅途自己選~

生命的劇本自己寫~

人心難懂，心靈難讀

要或不要，得瞻前顧後最好……

做或不做，先深層思考更好……

總得在痛過才知道~

有些事不能太認真~

會被認為有所意圖~

總得在輸過才明了~

有些人不能太親近~

會被認為心懷不軌~

有時，一廂情願反而不好~

不如，察言觀色看看就好~

有時，熱情接近反而不好~

不如，巧言令色聽聽就好~

先觀再說，先察再做

說了不該說的話～
反彈樹敵積怨多～
講了不該講的人～
反駁對立麻煩多～
做了不該做的事～
反對抱怨很囉嗦～
話講多破綻疑點就多～
話說滿抱怨指責更滿～

事做多問題錯誤就多~

與其多講，不如沉默靜觀其變再說……

與其多做，不如細心洞察現況再做……

善謊是慈悲

謊說的真是種藝術~
謊說的妙是種境界~
謊說的圓是種智慧~
最好的謊言，必須巧妙舖陳部份事實……
最爛的謊言，就是從頭到尾沒句真話……
謊說的衷懇必定成真心話~
謊說的虛偽就是成堆屁話~
巧妙的謊言，能協調紛爭緩和緊張化解僵局……
善意的謊言，能溝通誤會調和鼎鼐周全結局……

沒錢萬萬不能

雖然錢絕不是萬能~
錢卻幾乎無所不能~
有錢的不一定快樂~
沒錢的一定不快樂~
錢很多不一定幸福~
錢很缺一定難幸福~
有錢不是罪，卻是實力誘惑，讓人情緣夢碎……
沒錢不是罪，卻是現實考量，使人喪失智慧……
還是要有錢，認真打拼最好……
就是要有錢，只要夠用就好……

人一懶腦就殘，腦一殘嘴就爛

懶人不但說懶話~
更會睜眼說瞎話~
爛人不但說爛話~
更會閉眼扯鬼話~
別人都是惡意加害者~
自己就是無辜受害人~
對是自己錯都在別人~
成是自己敗都是別人~

就是要幫懶惰找藉口~
硬是要幫藉口編理由~
仙佛難救耍賴鬼~
慈悲難渡懶爛人~

人到無求品自高

有時給別人機會~
就是給自己機會~
使我們困擾的，不是別人的行為……
困擾我們的是，自我內在的思維……
事能成得了局就好，不必在意是誰做……
菜能上得了桌就好，何須在乎是誰煮……
過度執著，不但別人沒機會，反而增加誤會……
太過堅持，不但自己沒機會，反而成為累贅……

看人說理

有人輕聲說不會甩你~
非得嗆聲才能講道理~
有人客氣講不太鳥你~
非得粗俗才能說道理~
有點低俗不過通情達理~
有點粗魯不過爽朗有力~
雖然大聲不過字字珠璣~
雖然嗆話不過句句醒語~
有些人說道理，不須輕聲細語……
有些人講真話，不必慢條斯理……

珍惜當下

今天見面有說有笑~
明天也許就見不到~
事來總是那麼突然~
人走就是那麼驟然~
有些事何必太在意~
有些人何必太在乎~
生活不用那麼疲憊~
人生不須那麼勞累~

有時，就隨興一下又如何……

有時，就任性一下又何妨……

明天很重要，今天更重要……

等下很重要，當下更重要……

傾聽重要，讓步更重要

團結才能一致對外~
和諧才能共創美好~
團結絕不是你退下~
和諧更不是你聽話~
團結得先溝通協調~
和諧得先整合說明~
溝通得先傾聽，才能說明……
協調得先讓步，才能整合……

為什麼，不是你先傾聽而是我傾聽……
為什麼，不是你先讓步而是我讓步……
到頭來，一人一把號各吹各的調……
到頭來，一人一張嘴誰都不怕誰……
不怕，無敵打不倒的對手……
最怕，無能不團結的隊友……

人要衣裝佛要金裝

神佛靈不靈，金裝信服你……
產品實不實，包裝告訴你……
人品好不好，衣裝說服你……
神佛金裝靈氣騰現~
產品包裝買氣展現~
人著美裝貴氣呈現~
內涵重要，外表更重要~
內在重要，包裝更重要~
什麼都可減，好包裝不能減……
什麼都可省，美外表不能省……

學別人的好

世上每個人一個樣~
人間沒有人是一樣~
一樣的眼睛，不一樣的看法……
一樣的耳朵，不一樣的聽法……
一樣的嘴巴，不一樣的說法……
一樣的人心，不一樣的想法……
一樣的金錢，不一樣的花法……
一樣的人生，不一樣的活法……
虛心觀摩別人的好方法~
誠心學習別人的好辦法~

生氣傷己，氣出傷人

壓力引發生氣不爽~
累積愈大行為失常~
壓力持續失控抓狂~
可能引起精神失常~
生氣，是跟自己過不去~
生氣，不但傷己更傷體~
抓狂，就是跟人過不去~
抓狂，不但傷人也傷己~
死牛不轉彎，愈氣愈想折磨自己……
念頭轉個彎，笑笑面對也是可以……

是不是才，看了便知

有些人拿著雞毛當令箭~
卻有人拿著令箭當雞毛~
有人看不起雞毛和令箭~
有些人龍蝦鮑魚嫌沒菜~
卻有人地瓜土豆是好菜~
有人認為上了桌就是菜~
有沒有能力看態度就知道~
有沒有能耐見作風就明了~
態度決定風度，風度決定能力……
作風決定氣度，氣度決定能耐……

往好想，樂觀面對

錢多錢少夠用就好~
家貧家富和諧就好~
誰對誰錯理解就好~
少點計較心情變好~
少點比較生活轉好~
人生苦短隨意就好~
轉一個角度看人生~
生活就會燦爛光彩~

換一種心境看人生~

生命就會美麗精彩~

國家圖書館出版品預行編目資料

轉個彎 / 謝朝陽 著
--初版-- 臺北市：博客思出版事業網：2020.2
ISBN： 978-957-9267-44-1(平裝)

1.修身 2.生活指導

192.1 108020043

轉個彎

作　　者：謝朝陽
校　　對：陳裕文、劉益花
編　　輯：楊容容
美　　編：塗宇樵
封面設計：塗宇樵
出 版 者：博客思出版事業網
發　　行：博客思出版事業網
地　　址：台北市中正區重慶南路1段121號8樓之14
電　　話：(02)2331-1675或(02)2331-1691
傳　　真：(02)2382-6225
E—MAIL：books5w@gmail.com或books5w@yahoo.com.tw
網路書店：http://bookstv.com.tw/
https://www.pcstore.com.tw/yesbooks/
博客來網路書店、博客思網路書店
三民書局、金石堂書店
總 經 銷：聯合發行股份有限公司
電　　話：(02) 2917-8022　傳 真：(02) 2915-7212
劃撥戶名：蘭臺出版社　帳號：18995335
香港代理：香港聯合零售有限公司
地　　址：香港新界大蒲汀麗路36號中華商務印刷大樓
C&C Building, 36,Ting, Lai, Road, Tai,Po, New,Territories
電　　話：(852)2150-2100　傳真：(852)2356-0735
出版日期：2020年2月 初版
定　　價：新臺幣220元整（平裝）
I S B N ：978-957-9267-44-1